AF495981

OBSERVATIONS

SUR

L'ÉCOLE DE DROIT

DE PARIS,

SUIVIES D'UN COUP-D'ŒIL

SUR L'ÉTAT MORAL DE LA JEUNESSE FRANÇAISE,

PAR S. H. CHARE,

ÉLÈVE EN DROIT.

PARIS.

LE NORMANT, IMPRIMEUR-LIBRAIRE,

RUE DE SEINE, N° 8, PRÈS DU PONT DES ARTS.

MDCCCXIX.

IMPRIMERIE DE LE NORMANT, RUE DE SEINE, N° 8.

OBSERVATIONS

SUR

L'ECOLE DE DROIT

DE PARIS.

—

Je ne veux pas foúrnir un aliment à l'esprit de parti ; je ne veux pas rappeler des souvenirs qu'il faudroit oublier ; dès long-temps l'opinion publique est fixée sur les événemens dont l'Ecole de droit de Paris a été le théâtre; peut-être même a-t-elle puissamment influé sur l'arrêt d'absolution de la Cour d'assises. En vain quelques voix ont appelé sur nous le blâme et l'animadversion ; ces attaques n'ont pu nous atteindre, et les hommes sages n'ont point partagé des craintes puériles. Ils n'ont pu croire à la désorganisation prochaine des sociétés, et lorsque la génération qui s'élève déploie une grande énergie , lorsqu'elle manifeste qu'elle a la conscience de ses droits et de ses devoirs, ils n'ont pu voir en cela des symptômes alarmans.

Ces événemens qui ont tant occupé l'attention publique parce qu'ils dérivent d'une cause qui promet bien des résultats , ont été racontés diversement; plusieurs exposés en ont été faits par les élèves eux-mêmes , je n'ai pas le dessein d'en tracer moi-même le tableau. Mais toutes les assertions y sont-elles fondées ? N'y rencontre-t-on pas quelquefois des suppositions hasardées ? Un caractère respectable n'est-il pas exposé à d'injustes attaques ? Cet homme dont les vertus et les talens sont également reconnus, dont les intentions furent toujours droites, devoit-il trouver d'amers censeurs parmi ceux même auxquels il offre tous les jours le fruit de ses travaux et de ses veilles ?

Il faut encore le dire ; ce n'est pas sans étonnement que nous avons entendu, dans le sanctuaire des lois, un professeur le signaler comme le chef d'une cabale dirigée contre lui ? Que M. Bavoux soit innocent, que l'accusation dont il a été l'objet fût sans fondement, nous n'hésitons point de le croire; tout son crime est dans l'excès de son zèle, disons-le avec franchise : il fut plus imprudent que coupable, et ce n'est point volontairement qu'il a donné l'éveil à nos passions. Mais elles s'étaient réveillées avec énergie, elles avoient donné lieu à des scènes affligeantes, elles en faisoient présager de plus affligeantes encore : le chef de la faculté devoit-il alors rester tranquille spectateur? Il est ici nécessaire de rappeler quelques faits.

La chaire de procédure, vacante par la mort de M. Pigeau, étoit remplie par M. Bavoux, professeur suppléant. Il remplaçoit un homme qui avoit vieilli dans l'enseignement, et dont les méthodes facilitoient beaucoup le travail des élèves. Il avoit emporté nos regrets, il laissoit parmi nous de bien précieux souvenirs, et nous nous disions presqu'avec orgueil les disciples d'un jurisconsulte dont la réputation étoit si solidement établie. Son successeur avoit donc une tâche bien difficile à remplir. Il annonçoit une connoissance profonde des lois; mais il recueilloit trop souvent des exemples dans le vaste domaine de la jurisprudence, et un défaut de son enseignement étoit de présenter, d'analyser longuement des espèces lorsqu'il auroit seulement fallu développer les principes. Aussi ses leçons étoient-elles presque désertes; c'en étoit trop pour nous d'avoir à nous livrer à l'étude déjà bien rebutante, bien fastidieuse de la procédure avec des méthodes qui nous paroissent vicieuses. Il vouloit suivre une route nouvelle, il vouloit faire envisager cette partie du droit sous de nouveaux aperçus ; mais il ne pouvoit qu'imparfaitement réaliser ses idées ; il n'étoit pas en son pouvoir de les coordonner en système, puisqu'il n'avoit pu se livrer à aucun travail préparatoire : c'étoit par conséquent la faute du temps, et non la sienne. J'en appelle à M. Bavoux et à tous ceux qui ont suivi son cours.

Ainsi, jusqu'à l'époque où il a traité de
la législation criminelle, il ne lui étoit
guère possible de frapper fortement nos
imaginations. Cependant une nouvelle carrière s'ouvroit devant lui : il n'avoit plus à
nous entretenir de formalités et de délais ;
tout ce qui intéresse le plus l'homme en
société, la théorie des peines, l'instruction
criminelle, ces parties si importantes de
la législation dont les moindres vices se
font d'autant plus remarquer qu'ils s'atta-
chent à l'honneur même et à la liberté in-
dividuelle, alloient devenir la matière de
l'enseignement. Dès la première séance,
l'auditoire fut plus nombreux, le professeur présenta des idées générales sur la
législation criminelle, dont il fit l'histoire
abrégée : il fut facile de voir qu'il s'occu-
peroit autant de ce qui devoit être que de
ce qui étoit. Il parla en ami de la liberté ; il
s'éleva contre la tyrannie qui avoit présidé
à la rédaction de ces codes : à l'exemple d'un
criminaliste célèbre, il fit des vœux pour
leur révision ; ces vœux étoient justes et

raisonnables, il ne trouva parmi nous que des complices, et nous manifestâmes notre satisfaction par des applaudissemens. Quel intérêt si grand porterions-nous en effet à ce Code pénal *flétri, dès sa naissance, de* 80 *boules noires* (1)? Il étoit l'ouvrage du despotisme militaire, le plus affreux de tous, et l'on sait que le présent d'un ennemi est toujours funeste.

Pour exprimer toute ma pensée, je dois dire qu'à cette première séance même l'on surprit par intervalles un sourire malin parmi les auditeurs; mais il avoit bien plus pour objet la manière dont les choses étoient dites que les choses elles-mêmes. Nous pûmes seulement ne pas oublier que nous étions les auditeurs d'un professeur de procédure, dont le but n'étoit pas de nous donner des leçons d'éloquence et de bon goût. Cela n'empêcha pas qu'à la clôture du cours quelques élèves ne demandassent à haute voix l'impression du discours; cette

____

(1) Discours de M. Lally-Tollendal.

motion fut appuyée, et le professeur déclara qu'il obtempérerait à nos vœux.

Convenons cependant que des propositions étranges furent entendues dans cette séance et dans les suivantes, et qu'elles étoient bien suffisantes pour choquer cette extraordinaire susceptibilité que donnent les opinions politiques. Pourquoi dire qu'en 1815 on avoit organisé les délations, comme sous Tibère ?

Un pareil rapprochement étoit odieux, quoiqu'il soit convenu, dans la langue des partis, que les horreurs de cette époque n'ont rien à reprocher à celles de 93.

Pourquoi se permettre quelques déclamations, tout au moins inutiles, contre la Chambre de 1815, dans cette chaire où nous sommes accoutumés d'entendre un de ses membres les plus distingués ?

Toute application étoit, je me plais à le croire, loin de son esprit ; mais elle étoit si naturelle qu'il étoit bien difficile de ne pas s'en saisir. Voilà donc un professeur qui signale à ses élèves un de ses collègues les plus distingués et l'un des orateurs qui ont paru avec le plus d'éclat à la tribune nationale ; voilà un professeur, abjurant la gravité de ses fonctions, devenu l'organe d'un parti, et agitant les flambeaux de la discorde dans une école où jusqu'alors les nuances d'opinions politiques ne se faisoient point remarquer, et qui n'étoit renommée que par son dévouement et la concorde qui régnoit dans son sein.

Ajoutons à cela quelques déclamations contre l'aristocratie.

Quelques phrases qui se prêtoient trop facilement à des allusions aux émigrés et aux soldats de Condé, et le lecteur impartial jugera si ce n'étoit point s'adresser aux passions, si ce n'étoit point emprunter leur langage, et si le concert des applaudissemens ne devoit pas être troublé par des marques d'improbation.

Qu'il est donc malheureux celui qui parle aux hommes ! on s'empare même de ce qu'il ne dit pas, on veut pénétrer jusque dans les replis les plus cachés de son esprit ;

on scrute sa pensée, et on le trouve coupable lorsqu'il ne fut qu'imprudent. Sans doute une circonspection timide et minutieuse ne doit pas enchaîner sa langue, sans doute on peut parler alors qu'il est permis de penser; mais il est une certaine dignité, une certaine grandeur à laquelle un magistrat, un professeur ne peut renoncer. Autrement, il dépose la toge pour se parer des couleurs d'un parti.

M. Bavoux a-t-il toujours usé de cette sage mesure?

N'a-t-il pas quelquefois franchi les bornes que la gravité de ses fonctions ne lui permettoit pas de dépasser?

C'est à ses auditeurs à décider ces questions.

Eux seuls aussi peuvent savoir si le calme étoit rétabli lors de l'apparition du Doyen; en supposant même que tout étoit tranquille, n'est-il pas évident que cette tranquillité n'étoit que momentanée, et que le scandale ne tarderoit pas de se reproduire à cette séance ou aux suivantes? Que devoit

donc faire le chef de la faculté qui voyoit
de ses propres yeux des voies de fait et la
plus grande fermentation régner dans l'auditoire ? Le désordre étoit certainement dans
l'école. Ne peut-on pas également appeler
de ce nom des applaudissemens outre-me-
sure, des cris même, ou faut-il réserver cette
dénomination pour ces applaudissemens et
ces cris mêlés de sifflets et de huées ? Le
Doyen devoit-il ordonner l'expulsion des
siffleurs ? Et vous qui vous dites les amis de
la liberté, aspireriez-vous donc au droit
exclusif de manifester vos sentimens ?
m'imposerez-vous la loi de penser et d'agir
comme vous ? Soyons justes, et nous sau-
rons comprendre la liberté ; nul d'entre
nous n'eût voulu être l'exécuteur d'un tel
ordre, et s'il s'en fût trouvé, la guerre civile
étoit au milieu de nous.

Je n'examine point jusqu'où peuvent s'é-
tendre les droits du Doyen ; toujours est-il
certain que la police et l'administration de
l'école lui appartiennent, et l'on ne voit pas
sur quoi cette police pourroit s'exercer si

ce n'est sur les désordres arrivés ou à pré-
voir (1). Or bien évidemment ils ne peuvent
avoir lieu que pendant la durée des cours ;

---

(1) Il est tellement vrai que la police de l'Ecole
appartient au doyen, et qu'il est responsable de tous les
désordres qui peuvent arriver, que M. Toullier fut suspendu de ses fonctions de doyen, non parce qu'il n'a-
voit pas réprimé des désordres survenus, mais pour
n'avoir pas prévu qu'il en surviendroit ; en un mot, et
ce sont les termes de l'arrêté, parce qu'il *n'avoit pas
convenablement surveillé les élèves.* Il faut observer que
cet arrêté que je transcris en entier fut rendu le 31 dé-
cembre 1816, et que ce qu'on a appelé la terreur de
1815, étoit passé.

« Vu le procès-verbal portant, qu'il a été trouvé dans
» l'auditoire de la faculté de Rennes des inscriptions
» injurieuses au gouvernement légitime ;

» Considérant que ce fait prouve suffisamment que
» les élèves de cette faculté n'ont pas été convenable-
» ment surveillés ,

» Arrête :

» Le sieur Toullier est suspendu de ses fonctions de
» doyen. »

Une conduite opposée vaudra-t-elle aussi au doyen
de la faculté de Paris sa destitution ? C'est ce que l'avenir nous apprendra.

il est dans l'ordre qu'ils soient réprimés par le professeur lui-même ; il doit interposer son autorité pour le rétablir : si cependant il est impassible au milieu de l'agitation, si lorsqu'il devroit prononcer des paroles de paix, il reste muet et immobile, le Doyen n'aura-t-il pas le droit de suppléer à son inaction ?

La responsabilité qui pèse sur sa tête ne lui fait-elle pas un devoir de prendre telle mesure provisoire qu'il avisera ? Et lorsqu'il n'aura voulu que prévenir un grand mal, faire cesser un grand scandale, nous flétrirons sa conduite du nom d'arbitraire ! Certes, il seroit bien moins odieux aux hommes s'il avoit toujours un pareil but.

Qu'on cesse donc d'adresser les plus injustes reproches à celui dont tout le crime fut de faire son devoir ; apprécions mieux ses intentions, et loin de nous surtout la pensée qu'il suivit je ne sais quelle méprisable impulsion ; comme si, lorsqu'on a le sentiment de soi-même, on pâlissoit de la gloire d'autrui.

Quoique M. Bavoux dans sa défense nous ait représenté M. Delvincourt comme un ennemi du gouvernement, il nous sera permis de ne pas ajouter foi à une assertion pareille, et de la repousser même, puisqu'elle est dénuée de toute vraisemblance.

Qu'il n'admette pas en totalité le système suivi par le gouvernement, s'ensuivra-t-il qu'il désire son renversement? seroit-ce donc un si grand mal que sous un gouvernement représentatif il y eût des nuances d'opinion? et ne sont-elles pas inhérentes à la forme même de ce gouvernement? M. Bavoux n'a pas pris garde qu'il étoit coupable dans le même sens, et qu'il étoit son propre accusateur. Les poursuites dirigées contre lui, lui vaudront, dit-on, les honneurs de la députation : eh bien, siegera-t-il au centre? votera-t-il toujours avec le ministère? non sans doute. La connoissance qu'on a de ses opinions donne la certitude qu'il figurera dans l'opposition du côté gauche : voudroit-il pour cela qu'on le désignât comme un ennemi de l'ordre de choses établi? il crieroit à la calomnie, et ne manqueroit pas de dire qu'on lui attribue des sentimens qui ne furent jamais les siens. M. Delvincourt pourroit aussi réclamer contre des imputations de ce genre, si son caractère connu, ses vertus, qu'on n'osera pas révoquer en doute, n'étoient sa justification, et ne le vengeoient pleinement dans l'esprit de ses concitoyens.

N'arrivera-t-elle donc jamais pour nous, cette époque où l'on ne croira point avoir tout dit contre un adversaire, pour l'avoir signalé comme professant une opinion contraire à la nôtre? Hommes monarchiques, républicains, libéraux et autres que j'ignore, croirez-vous toujours que les talens et les vertus ne furent jamais le partage de ceux qui ne combattirent point dans vos rangs? Un ennemi n'est point atterré par ce seul mot : *il n'est point des nôtres.* Vous avez vécu dans les troubles, et vous en avez encore les mœurs et le langage : ah! n'apprenez point à vos enfans à se déchirer par la parole, avant de se déchirer avec le

fer !...... Ne leur transmettez point ce
funeste héritage,.... ils ne veulent de vos
erreurs et de vos calamités.... que le souvenir !....

Ces malheureuses opinions politiques em-
poisonnent tout, et elles exercent souvent
leur influence pernicieuses sur l'homme de
bien lui-même. M. Bavoux est un exemple.
Dans quelle source a-t-il puisé ses inculpations? Il n'est pas nécessaire de nous livrer
à des conjectures, il se chargera lui-même
de nous l'apprendre. Ce sont les relations
habituelles qu'il a avec M. Delvincourt qui
l'en ont instruit; c'est donc dans les épan-
chemens de la conversation qu'il a deviné
son secret... et il n'a pas craint de le tra-
hir! et il n'a pas craint de dévoiler ce qui
devoit être sacré pour lui, d'employer un
moyen de défense aussi scandaleux !... que
dis-je? un moyen de défense...Cette déclara-
tion étoit sans objet, elle n'étoit qu'offensive
envers le doyen, et c'est de la bouche d'un
magistrat, d'un juge qu'elle est sortie !...
Il est vrai que son illustre défenseur n'avoit

2

pas encore dit : « les délations ne sont pas une si belle chose. »

C'est à M. Delvincourt uniquement qu'il s'attaque ; mais s'il est coupable, il a des complices ; ces complices sont puissans ; c'est la commission d'instruction publique elle-même. Pourquoi ne point la prendre aussi à partie ? Elle est mille fois plus coupable, puisqu'elle a confirmé une décision injuste, arbitraire. Eh bien, c'étoit au président, c'étoit aux membres de la commission qu'il falloit s'adresser, c'étoient eux qu'il falloit traduire devant le tribunal suprême de l'opinion. Il falloit leur demander compte de l'emploi de cette autorité protectrice que la loi leur confie, et qui n'avoit été qu'oppressive entre leurs mains : c'étoit cet adversaire seul redoutable, seul responsable, qu'il importoit de signaler et de vaincre. L'on verroit alors que la foudre atteint aussi les hautes montagnes.

Mais si le professeur se tait, les élèves ne doivent pas imiter son silence. Victimes d'une décision peu réfléchie, il nous sera permis de faire entendre nos justes réclamations. Près de trois mille jeunes gens arrivés et résidant à grands frais dans la capitale pour leur instruction, disons-le, l'élite de la jeunesse française, du sein de laquelle doivent sortir des magistrats, des avocats, des administrateurs, persécutés et proscrits, ont été forcés d'abandonner leurs études ou de se rendre dans d'autres facultés pour les continuer. Je n'examine point si les lois accordent à la commission d'instruction publique un pouvoir aussi exorbitant que celui dont elle a fait usage envers nous ; j'observerai seulement, que si, sous un régime constitutionnel, il existoit une loi pareille, il seroit urgent de la rapporter. Maintenant que l'effervescence est apaisée, nous pouvons espérer que la commission ne craindra pas de revenir sur ses pas en nous accordant les trois mois d'étude dont elle nous a privés. Ceux d'entre nous qui ont pris leurs inscriptions dans d'autres facultés ne verront point avec peine qu'on rende justice à leurs condisciples ; les effets de cette réparation s'étendront aussi sur eux, puisque l'école déjà justifiée dans l'opinion publique le sera encore dans l'esprit de l'autorité. Elle ne croira ni plier, ni se compromettre en revenant sur une mesure trop rigoureuse. Il est temps d'abjurer des maximes funestes et de revenir aux saines doctrines ; l'autorité peut se tromper, elle peut céder à des préventions : l'infaillibilité n'est le partage de personne. Elle ne perd point ses droits à la considération des hommes en reconnoissant ses erreurs ; elle ne fait qu'acquérir des titres nouveaux à leur estime. Pourquoi voudroit-elle toujours fournir des armes contre elle et confirmer cette antique croyance que politique, administration, police, ne furent et ne seront jamais les synonymes de l'équité et de la bonne foi ; que lorsqu'elle exerce son action sur des masses d'individus, elle se garde d'imiter la Providence divine qui enveloppe dans un même châtiment l'innocent et le coupable ; si l'homme adore la main mystérieuse qui l'accable, tout son être indigné se révolte contre celle de son semblable qui l'opprime.

D'ailleurs ce sont nos parens bien plus

que nous-mêmes que regarde cette mesure de rigueur, c'est sur eux que tombent de tout leur poids les effets de la décision de la commission d'instruction publique. Trois mille familles sont frappées dans la personne de leurs enfans; leurs sacrifices sont aggravés, l'époque où ils devoient rentrer dans leur sein ou commencer une vie consacrée à l'utilité de leurs concitoyens se trouve reculée. C'en est trop pour des hommes justes, osons tout espérer... Pourquoi, en effet, la commission ne verroit-elle parmi nous pas un innocent lorsque les tribunaux n'y trouvent pas un seul coupable?...

Quel est donc le crime qu'on veut punir en nous? La décision qui déclare que nous ne serons pas admis à prendre l'inscription de juillet n'avoit certainement en vue que ce qu'on a appelé notre révolte, notre insurrection contre l'autorité civile, et ensuite contre la force armée; la décision antérieure qui suspendoit le cours de législation criminelle régloit définitivement ce qui avoit rapport aux troubles survenus pendant les leçons du professeur. Eh bien, quelle fut notre conduite dans cette journée où nos détracteurs nous ont dépeints avec des couleurs si noires? Nous étions réunis paisiblement dans la cour de l'école; les querelles d'opinions étoient entièrement apaisées, aucun cri ne se faisoit entendre, aucun désordre n'avoit lieu. On rédigeoit, on signoit une pétition, trop évidemment sans objet; mais enfin on exerçoit un droit garanti par la constitution, et je ne sache pas que l'exercice d'un tel droit soit un acte séditieux. Au reste, notre réunion n'étoit point illégale, tous les jours nous nous réunissons en grand nombre. Si l'on eût mieux connu nos vrais sentimens, on n'eût point fait paroître parmi nous des figures sinistres, plus de cinquante gendarmes déguisés n'eussent point reçu la mission de s'attacher à nos pas comme à ceux des mal-faiteurs qu'on poursuit dans les ténèbres; des officiers civils décorés des marques de leurs fonctions se fussent montrés comme des organes de la loi et non comme des espions; alors leur autorité n'eût point été

méconnue, et, comme chez une nation voi-
sine et rivale, il leur eût suffi de parler
pour être obéi. De fausses mesures prises
ont donc excité notre indignation, et ce
n'est qu'involontairement que nous fûmes
coupables. Que ne parut-il alors au milieu de nous, cet homme que recom-
mandent ses services, et que ses fonctions
nous désignent comme notre chef naturel !
Il eût parlé le langage de la raison, et des
gendarmes armés de carabines, ayant le
sabre en main, n'eussent pas fondu sur nous
comme sur des brigands ; un de nos condisciples n'eût point été frappé indignement,
et je n'eusse point vu un de ces fougueux
cavaliers présenter, avec menace, la pointe
de son sabre sur la poitrine d'un membre
de l'Institut, que ses fonctions de professeur
appeloient à l'école polytechnique. Je ne
m'étendrai pas davantage sur la suite de
ces événemens, d'ailleurs connus de tout le
monde : il m'aura suffi de démontrer que
de fausses mesures ont amené de fàcheux
résultats, et que les troubles survenus sont
plus l'effet d'une circonstance particulière

que d'une disposition des élèves à la révolte et à l'insubordination.

S'il étoit besoin d'apporter des témoi-
gnages en notre faveur, j'en citerois de bien
respectables. Quelques uns d'entre nous se
sont rendus dans des facultés voisines,
nous y avons séjourné, nous nous sommes
trouvés réunis à Dijon, près de quatre-
vingts. Peut-être beaucoup de sévérité sup-
posoit-elle de grands torts, peut-être étoit-
on disposé à ne voir parmi nous que des
agitateurs et des séditieux. Si telle fut la première pensée des professeurs de la faculté
de Dijon et des habitans de cette ville, elle
ne fut que de courte durée. Nos actions ont
été notre justification ; M. Proud'hon, cet
homme vénérable qui joint tant de connoissances à l'exercice de tant de vertus,
M. Poucet, avec lequel nous avions des
relations fréquentes, nous ont accordé leur
estime, de même que les autres professeurs. « Demandez, nous ont-ils dit,
» telle attestation que vous voudrez sur
» votre bonne conduite dans cette ville,
» et la manière distinguée dont vous avez

» répondu à vos examens, et vous les
» obtiendrez. »

Nous avions déjà le témoignage de notre conscience; nous sommes fiers de pouvoir y joindre celui de tels approbateurs.

Je sais bien qu'à la Chambre des Députés on s'est permis de graves inculpations sur les élèves de l'école de droit et sur ce prétendu esprit d'insubordination qu'on croit remarquer dans la jeunesse française. Les agens de l'autorité n'ont pas pris garde que ce seroit leur faute à eux si le mal étoit aussi grand qu'ils l'ont dépeint énergiquement, et qu'ils faisoient une critique amère de leur administration. « Dans la naissance
» des sociétés, dit un publiciste célèbre,
» ce sont les chefs des républiques qui font
» l'institution, et c'est ensuite l'institution
» qui forme les chefs des républiques. »
Notre société représentative est à sa naissance, que des Lycurgues et des Solons paroissent, qu'ils nous donnent des lois, qu'ils affermissent nos institutions, et bientôt s'éleveront au milieu de nous de grands hommes et de vrais citoyens. La tâche de

nos législateurs seroit bien moins difficile
à remplir que celle de ces premiers législateurs des peuples ; d'abord il falloit for-
mer des hommes ; aujourd'hui ils ont des
hommes, qu'ils en fassent des citoyens. Ils
ont dans leurs mains les élémens du bonheur
et de la prospérité des nations ; l'opinion,
si justement appelée la reine du Monde,
éclairée par l'expérience des siècles, leur
trace sûrement la voie dans laquelle ils
doivent marcher. On sait sur quelles bases
l'on doit édifier ; tous les principes sont
reconnus. La génération qui s'élève n'est
plus ivre que d'une sage liberté. Ne crai-
gnons pas de le dire ; aujourd'hui l'expérience devance les années, le prestige a
disparu pour nous, et l'illusion qui perdit
nos pères ne sauroit nous séduire. En dé-
pit de cette loi, de la fatalité qui semble
pousser les hommes et les choses vers leur
décadence, nous serons meilleurs que ceux
qui nous ont précédés. Qu'on ne dise pas :

> Ætas parentum
> Pejor avis, tulit nos nequiores
> Mox daturos progeniem vitiosiorem (1).

______

(1) Horace.

La licence et l'anarchie ne seront plus pour nous la liberté ; nous entendrons par ce mot avec les Grecs et les Latins : « un » Etat où personne ne soit sujet que de la » loi, et où la loi ne soit plus puissante » que les hommes (1). »

Qu'on ne s'imagine point que cette liberté qui fut l'âme des anciens gouvernemens qu'elle sut élever à tant de grandeur et d'héroïsme, et qui inspira toujours les grands hommes de tous les temps ; qu'on ne s'imagine point qu'elle ne soit plus de nos jours qu'une déité sèche et froide. Malheur à celui qui ne sauroit point la comprendre, et qui voudroit la bannir du milieu de nous, parce que des forfaits se commirent en son nom. Ah ! gardons-nous de la repousser de nos institutions !.... Gardons-nous de nous opposer au torrent de l'opinion lorsqu'il ne faudroit que le diriger !... Que veut en effet cette jeunesse si avide de connoissances ? Que demande-t-elle, si ce n'est le règne d'une sage liberté. Une ère nouvelle a commencé, et dès à présent

____

(1) Bossuet, Disc. sur l'Hist. univ.

nous pouvons mesurer la brillante carrière qui s'ouvre devant nous. Plus heureux que nos pères, nos cœurs ne sont flétris, ni par l'image de la servitude, ni par le souvenir du crime. Les nobles sentimens sont un besoin pour nous, et nous ne voulons ni du despotisme ni de l'anarchie. Qu'on ne s'y trompe point, la période historique qui vient de s'écouler a éclairé les hommes sur leurs vrais intérêts; elle est pour eux une grande leçon. Désormais ils sauront faire le discernement de ceux qui, pour le triomphe de leurs passions, aspirent à bouleverser les Etats jusque dans leurs fondemens à l'aide de vains sophismes et de quelques théories de ces sages qui n'ignorent point que tout ce qui sort de la main de l'homme est empreint de cette imperfection qui lui est propre. Loin de voir dans le prince une puissance rivale, toujours ennemie des droits des peuples, et qu'ils doivent sans cesse combattre, ils considèrent cette autorité comme la plus sûre garantie de la liberté publique. Ils ne les exaspèrent point contre le gouvernement; seulement en amis de la patrie, ils lui font entendre des vérités utiles dont l'application doit être le perfectionnement de nos institutions politiques.

Qu'on cesse de s'égarer dans l'avenir, pour s'y représenter les fléaux que déjà l'on croit prêts à fondre sur les sociétés. Vivez seulement, ô vous que le présent effraie, et qui ne voyez qu'abîmes dans l'avenir ; vivez, et vos terreurs se dissiperont, et vous serez témoins du bonheur du monde sous le double empire de la justice et d'une sage liberté.

Et certes, si l'on doutoit de l'amélioration de l'opinion politique, et des sentimens vraiment sages, qui animent la jeunesse française, ne suffiroit-il pas de citer un fait? Il fut un temps, et il n'est pas loin de nous où des écrivains, des publicistes exaltoient avec enthousiasme les vertus guerrières : ils ne prônoient que les braves, la bravoure, les conquêtes, comme si nous étions encore à cette époque où des peuplades sauvages sortant des bois, faisoient de la terre un vaste champ de bataille, et disputoient aux possesseurs le terrain qu'ils avoient eux-mêmes naguère usurpé. On eût dit que la force devoit encore présider aux destinées du

Monde, et que les hommes n'étoient point dans leur élément naturel s'ils ne se précipitoient les uns sur les autres pour s'entre-détruire. Eh bien, qu'ont répondu les peuples? Quelle impression ont faite ces discours sur la jeunesse française?.. Elle a contemplé avec satisfaction les palmes cueillies par des soldats français; mais elle n'a point admiré ces conquêtes dont le but étoit de donner des fers à l'Europe, et qui précipitoient dans un même tombeau des générations entières; elle n'a désiré que la fin du droit du glaive et le commencement de l'empire des lois. Elle savoit « que » l'illustre métier des armes est encore plus » affreux que nécessaire (1); » que le patriotisme ne doit pas exclure les sentimens d'humanité; que la justice et la concorde sont le premier besoin des peuples : elle n'a pu que frémir en voyant le char de nos victoires rouler sur des nations vaincues, et notre chaîne ne lui a pas paru moins pesante pour tenir attachés un plus grand nombre d'esclaves.

----

(1) Voltaire.

Enfin ces champions enthousiastes de la guerre, désarmés par l'opinion, se livrent moins à des déclarations désormais sans objet. Grâces en soient rendues à ces écrivains généreux qui les premiers ont fait entendre une voix courageuse; ils sont les amis de l'humanité ceux qui dédaignant une popularité achetée par le sacrifice de la vérité, ne craignent point de s'élever contre des préjugés répandus et profondément enracinés, qu'il aura cependant suffi de signaler pour les marquer de la défaveur publique! Ces idées inspirées par une véritable philosophie, germent et se propagent; la jeunesse les accueille avec transport; elles se font jour à travers les préventions et les intérêts; peut-être un jour elles pénétreront dans le palais des rois; alors il nous sera donné d'espérer que la moitié de la terre ne sera plus armée pour la terreur de l'autre; nous ne verrons plus que des soldats citoyens; les peuples ne seront plus ennemis pour être séparés par une rivière ou une montagne; l'homme ne s'alarmera plus à l'aspect de son semblable comme à celui d'une bête féroce, et la devise commune aux rois et aux nations, sera : *Justice et Liberté.*

Que je me plais à contempler nos futures destinées ! Jeunes Français, nos premiers ans se sont écoulés au milieu des malheurs de la patrie ; notre raison naissante ne se développoit que pour nous apprendre qu'il falloit à jamais en renier l'usage ; partout l'arbitraire, partout la force usurpant les droits de la justice, nos regards inquiets se portoient autour de nous, nous cherchions en vain des hommes et de vrais citoyens : tout nous annonçoit que dans ces jours funestes, on trembloit et qu'on ne parloit pas. Mais dès qu'une main divine eut renversé le colosse du crime et de l'ambition, et relevé le trône de nos rois, il ne fut plus dit qu'il n'y auroit parmi nous que des victimes ou des esclaves. Voyez s'élever l'édifice de nos institutions et de nos libertés, voyez les haines et les passions expirantes, voyez la patrie arrêter sur nous ses regards satisfaits : ils nous annoncent que nous sommes son espoir....Ah! que bientôt nous soyons ses soutiens !....

FIN.

www.ingramcontent.com/pod-product-compliance
Ingram Content Group UK Ltd.
Pitfield, Milton Keynes, MK11 3LW, UK
UKHW021042220726
13924UKWH00001B/490